레전드 일본어 쓰기노트

랭귀지북스

머리말

見て (보고)

재미있는 그림들이 있어서 눈으로도 이해할 수 있습니다.

読んで (읽고)

기존의 한글 발음표기와 달리 로마자로 표기하였습니다.

なぞって (따라 쓰고)

일본글자도 쓰는 순서가 있습니다.
표시에 따라서 써 보세요.

이 책은 일본어학습을 시작하기에 앞서 일본글자를 배우는 책입니다.
눈으로 보고, 소리를 내면서 읽고, 그리고 따라 쓸 수 있게 되어 있어, 눈과 입, 그리고 손동작 등 여러 감각을 사용하여 공부할 수 있게 구성되어있습니다.
중간중간에 재미있는 연습문제도 들어가 있어서 그때그때 확인할 겸 복습까지 할 수 있도록 하였습니다.
시작이 반입니다.
이 책을 디딤돌이 되어 일본어가 일취월장하길 바랍니다.

나카무라 키요코

이 책의 구성

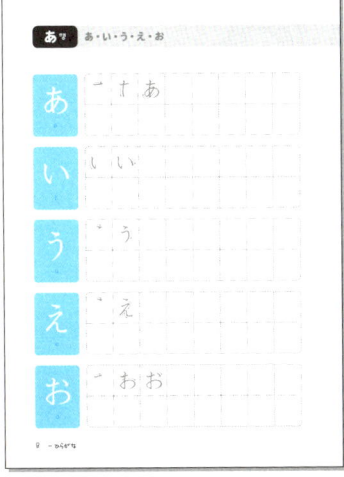

▲ 가나 익히기
가나의 발음과 획의 순서가 나와 있습니다.
순서와 획의 방향에 유의하면서 발음과 글자를 익힙니다.

▲ 단어 익히기
가나의 발음과 획을 익힌 후 단어도 함께 익힙니다. 그림을 보면서 재미있게 단어를 익히고, 더불어 가나를 더욱 쉽게 기억하도록 합니다.

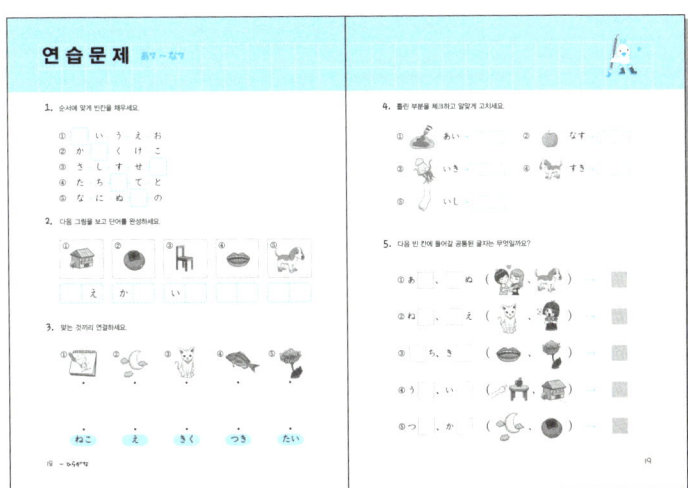

◀ 확인하기
가나쓰기와 단어쓰기에서 배운 내용들을 다양한 방법으로 복습합니다.

ひらがな

- 청음   6
- 탁음   30
- 반탁음   38
- 요음   42
- 촉음   53

50음도

あ a	い i	う u	え e	お o
か ka	き ki	く ku	け ke	こ ko
さ sa	し shi	す su	せ se	そ so
た ta	ち chi	つ tsu	て te	と to
な na	に ni	ぬ nu	ね ne	の no
は ha	ひ hi	ふ fu	へ he	ほ ho
ま ma	み mi	む mu	め me	も mo
や ya		ゆ yu		よ yo
ら ra	り ri	る ru	れ re	ろ ro
わ wa				を o
ん n				

あ행　あ・い・う・え・お

あ a

い i

う u

え e

お o

か행 か・き・く・け・こ

か ka

つ	カ	か					

き ki

ー	二	き	き				

く ku

く							

け ke

⼁	に	け					

こ ko

⼀	こ						

8 － ひらがな

청음

さ행 　さ・し・す・せ・そ

さ sa

し shi

す su

せ se

そ so

た행　た・ち・つ・て・と

| た ta | 一 | ナ | た | た | | | | |

| ち chi | 一 | ち | | | | | | |

| つ tsu | つ | | | | | | | |

| て te | て | | | | | | | |

| と to |丶 | と | | | | | | |

ひらがな

청음

な행   な・に・ぬ・ね・の

な na
ー／ナ／な／な

に ni
ｌ／に／に

ぬ nu
し／ぬ

ね ne
ｌ／ね

の no
の

なし				

なし 배

かに				

かに 게

いぬ				

いぬ 개

ねこ				

ねこ 고양이

おの				

おの 도끼

연습문제 あ행 ~ な행

1. 순서에 맞게 빈칸을 채우세요.

   ① ☐ - い - う - え - お
   ② か - ☐ - く - け - こ
   ③ さ - し - す - せ - ☐
   ④ た - ち - ☐ - て - と
   ⑤ な - に - ぬ - ☐ - の

2. 다음 그림을 보고 단어를 완성하세요.

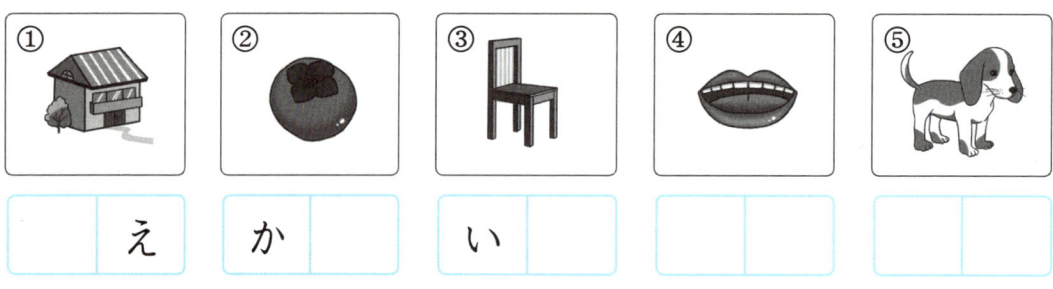

   ① ☐ え ② か ☐ ③ い ☐ ④ ☐ ☐ ⑤ ☐ ☐

3. 맞는 것끼리 연결하세요.

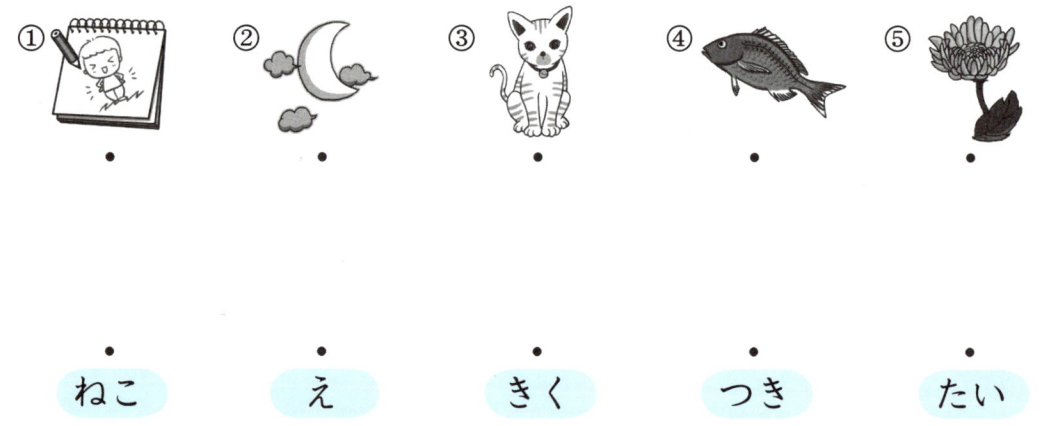

   ねこ   え   きく   つき   たい

4. 틀린 부분을 알맞게 고치세요.

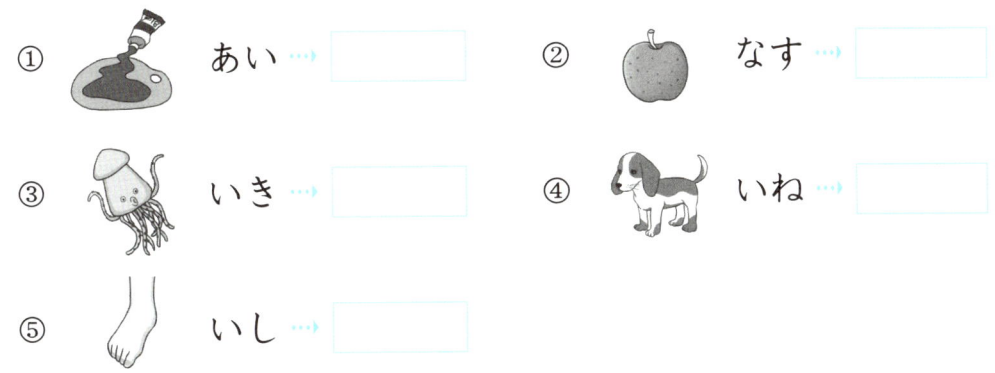

5. 다음 빈 칸에 들어갈 공통된 글자는 무엇일까요?

は行　は・ひ・ふ・へ・ほ

| は ha | は | | | | | | |

| ひ hi | ひ | | | | | | |

| ふ fu | ふ ふ ふ | | | | | | |

| へ he | へ | | | | | | |

| ほ ho | ほ | | | | | | |

18 － ひらがな

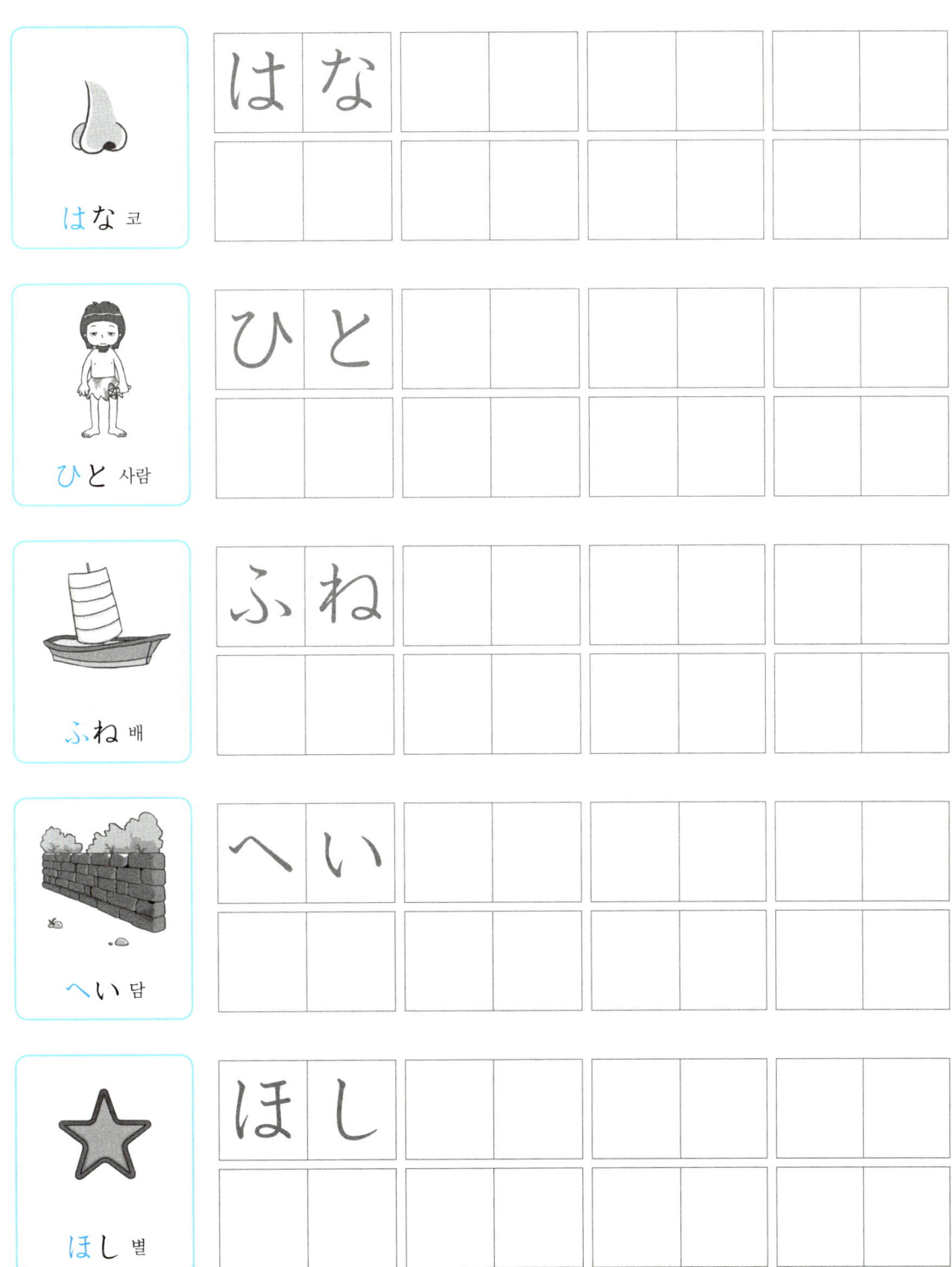

ま행 ま・み・む・め・も

| ま
ma | 一 | 三 | ま | | | | | |

| み
mi | み | み | | | | | | |

| む
mu | 一 | む | む | | | | | |

| め
me | ͿΆ | め | | | | | | |

| も
mo | し | も | も | | | | | |

청음

や행 や・ゆ・よ

や ya	つ	う	や				

ゆ yu	ゆ	ゆ					

よ yo	⌐	よ					

 틀리기쉬운글자

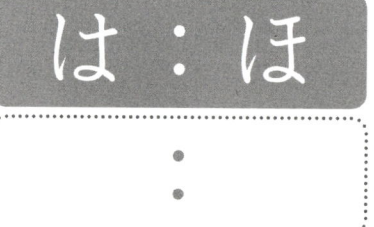

'nu'와 'me'는 혼동하여 잘 못 쓰는 경우가 많습니다.

'ha'와 'ho'를 쓸 때도 주의를 기울여야 합니다. 또한 'ほ'를 'は'처럼 위로 삐져 나오게 하지 않도록 해야 합니다.

정음

やま
やま 산

ゆき
ゆき 눈

よこ
よこ 옆

は : け

よ : ま

'ha'는 끝을 타원이 생기도록 해야 하지만 'ke'의 끝은 타원이 없습니다.

'yo'의 바른 표기는 'よ(X), よ(O)'이고, 'ma'의 바른 표기는 'ま(X), ま(O)'입니다.

ら행　ら・り・る・れ・ろ

ら ra

り ri

る ru

れ re

ろ ro

청음

わをん　わ・を・ん

わ wa	り わ					

を o	一 た を					

ん n	ん					

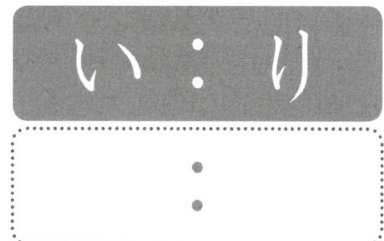

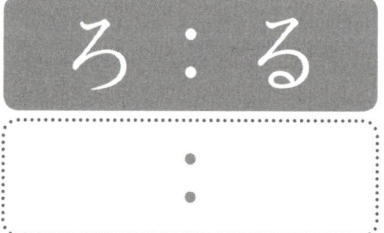

'i'와 'ri'는 많이 틀리는 글자 중 하나입니다. 'i'는 오른쪽 획이 짧은 반면 'ri'는 그보다 많이 깁니다. 구분할 수 있도록 길게 긋도록 합니다.

'ro'는 타원의 고리가 없는 반면 'ru'는 타원의 고리가 생기도록 끝을 말아야 합니다.

청음

わに 악어

わに

を

を

ほん 책

ほん

れ : ね : わ

차례대로 're', 'ne', 'wa'입니다. 're'는 바깥으로 'れ', 'ne'는 타원고리 'ね', 'wa'는 원을 그리듯 안쪽으로 'わ' 입니다.

연습문제 は행 ~ わ행

1. 순서에 맞게 빈칸을 채우세요.

   ① は ― ☐ ― ふ ― へ ― ほ
   ② ま ― み ― む ― め ― ☐
   ③ や ― ☐ ― ☐ ― よ
   ④ ら ― り ― る ― ☐ ― ろ
   ⑤ わ ― ☐ ― を ― ☐

2. 다음 그림을 보고 단어를 완성하세요.

①  ②  ③  ④  ⑤

☐ し ｜ あ ☐ ｜ ☐ ☐ き ｜ ☐ い ☐ ｜ ☐ ☐

3. 맞는 것끼리 연결하세요.

① 　② 　③ 　④ 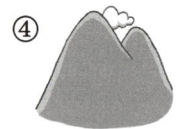　⑤

ふね　あり　ほし　やま　くも

4. 틀린 부분을 알맞게 고치세요.

① ねし …… ☐　② あい …… ☐

③ さろ …… ☐　④ そり …… ☐

⑤ ほな …… ☐　⑥ へり …… ☐

⑦ うほ …… ☐　⑧ へと …… ☐

5. 다음 빈 칸에 들어갈 공통된 글자는 무엇일까요?

が행　が・ぎ・ぐ・げ・ご

が ga

| ー | カ | か | か | が | | | |

ぎ gi

| 一 | 二 | き | き | ぎ | ぎ | | |

ぐ gu

| く | ぐ | ぐ | | | | | |

げ ge

| l | に | け | げ | げ | | | |

ご go

| ー | こ | ご | ご | | | | |

탁음

ざ행   ざ・じ・ず・ぜ・ぞ

ざ za — 一 さ さ ざ ざ

じ ji — し じ じ

ず zu — 一 す ず ず

ぜ ze — 一 ナ せ ぜ ぜ

ぞ zo — そ そ ぞ

탁음

だ행 　だ・ぢ・づ・で・ど

だ (da)　一　ナ　た　た　だ　だ

ぢ (ji)　一　ち　ち　ぢ

づ (zu)　つ　づ　づ

で (de)　て　で　で

ど (do)　丶　と　ど　ど

탁음

ば행　ば・び・ぶ・べ・ぼ

| ば
ba | l | に | は | ば | ば | | | |

| び
bi | ひ | び | び | | | | | |

| ぶ
bu | ` | ろ | ふ | ふ | ぶ | ぶ | | |

| べ
be | へ | べ | べ | | | | | |

| ぼ
bo | l | に | に | ほ | ぼ | ぼ | | |

탁음

ぱ행 　ぱ・ぴ・ぷ・ぺ・ぽ

ぱ pa	l	に	は	ぱ				

ぴ pi	ひ	ぴ						

ぷ pu	`	ろ	ふ	ふ	ぷ			

ぺ pe	へ	ぺ						

ぽ po	l	に	ほ	ぽ				

반탁음

| | み | ん | ぱ | く | | | | |

みんぱく 민박

| | え | ん | ぴ | つ | | | | |

えんぴつ 연필

| | て | ん | ぷ | ら | | | | |

てんぷら 튀김

| | ぺ | ら | ぺ | ら | | | | |

ぺらぺら 유창하다

| | ぶ | ん | ぽ | う | | | | |

ぶんぽう 문법

39

연습문제 탁음 ~ 반탁음

1. 순서에 맞게 써 놓으세요.

   ① ☐ - ぎ - ぐ - げ - ご
   ② ざ - じ - ず - ☐ - ぞ
   ③ だ - ぢ - づ - で - ☐
   ④ ば - び - ☐ - べ - ぼ
   ⑤ ぱ - ☐ - ぷ - ぺ - ぽ

2. 다음 그림을 보고 단어를 완성하세요.

   ① の☐   ② か☐   ③ ☐ま☐   ④ えん☐つ   ⑤ えん☐つ

3. 맞는 것끼리 연결하세요.

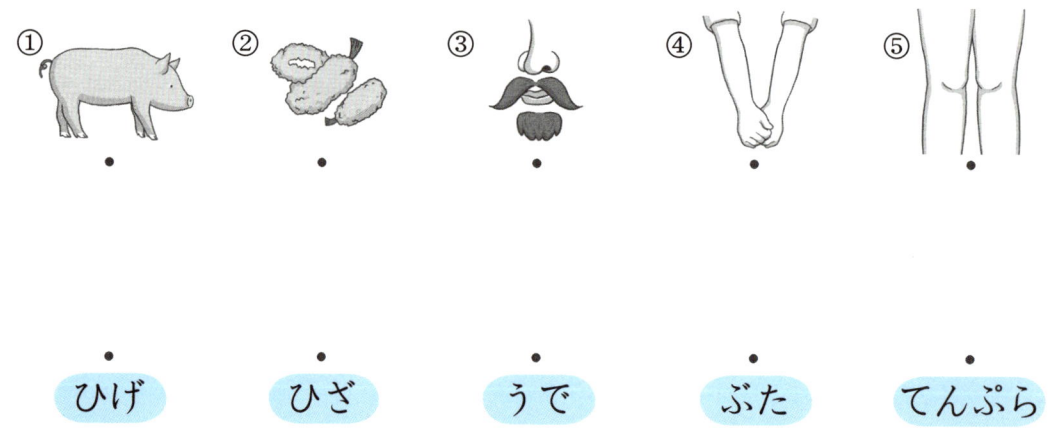

   ひげ   ひざ   うで   ぶた   てんぷら

4. 틀린 부분을 알맞게 고치세요.

① いば …▶ ☐　　② みざ …▶ ☐

③ かげ …▶ ☐　　④ はなじ …▶ ☐

⑤ えんびつ …▶ ☐

5. 알맞은 것을 고르세요.

① きず ☐　ぎす ☐

② がか ☐　かが ☐

③ ばた ☐　はだ ☐

④ ゆび ☐　ゆぴ ☐

⑤ ぶんぼう ☐　ぶんぽう ☐

41

きゃ행　きゃ・きゅ・きょ

| きゃ kya | きゃ | | | | |

| きゅ kyu | きゅ | | | | |

| きょ kyo | きょ | | | | |

きゃく 손님
きゃく

きゅうり 오이
きゅうり

きょねん 작년
きょねん

しゃ행 しゃ・しゅ・しょ   요음

| しゃ sha |
| しゅ shu |
| しょ sho |

しゃしん 사진

しゅうり 수리

しょくじ 식사

しゃしん

しゅうり

しょくじ

ちゃ행 ちゃ・ちゅ・ちょ

ちゃ cha	ちゃ				

ちゅ chu	ちゅ				

ちょ cho	ちょ				

ちゃわん 밥그릇

ちゃわん

ちゅうこ 중고

ちゅうこ

ちょきん 저금

ちょきん

にゃ행　にゃ・にゅ・にょ　　　요음

にゃ nya	にゃ				
にゅ nyu	にゅ				
にょ nyo	にょ				

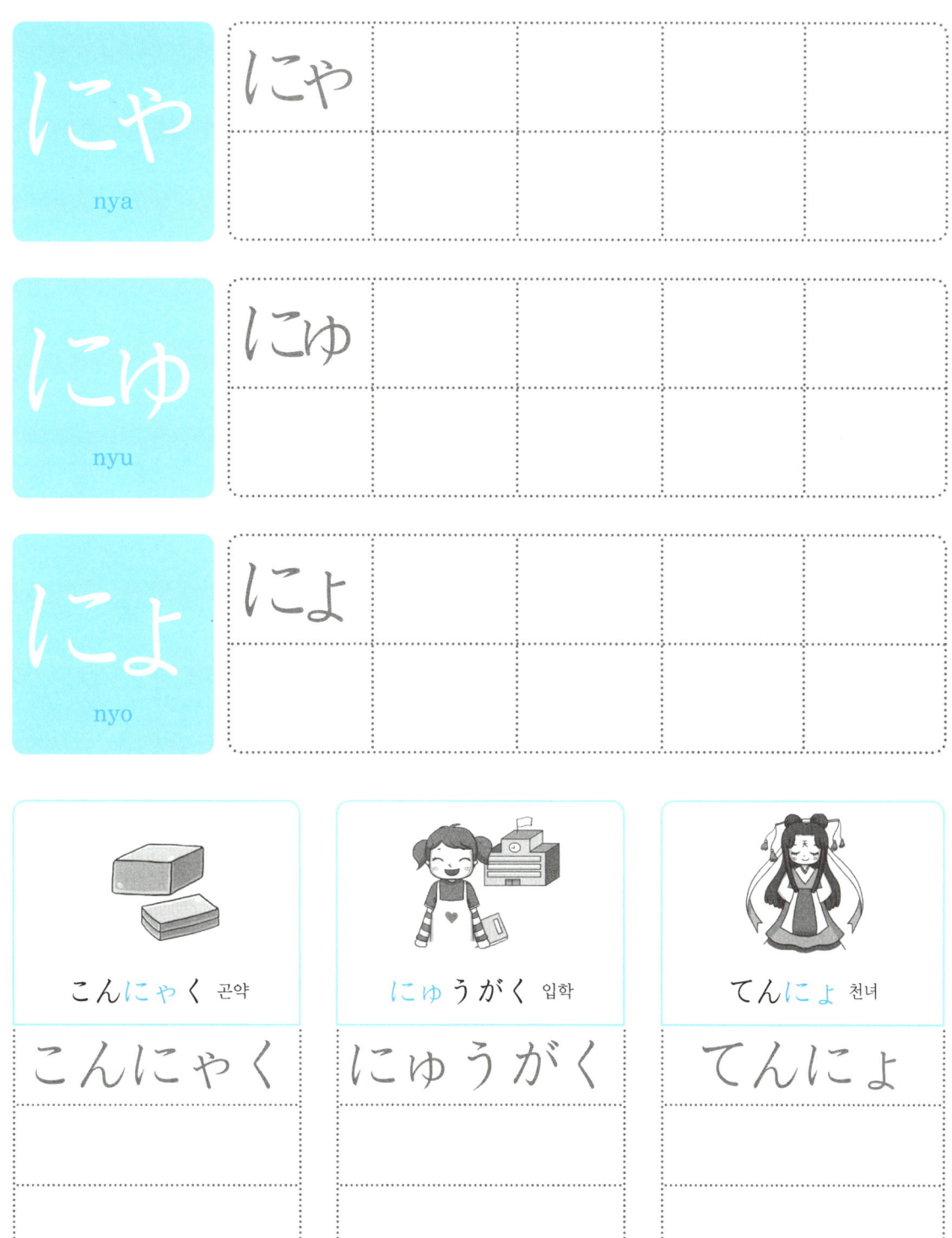

こん**にゃ**く 곤약　　**にゅ**うがく 입학　　てん**にょ** 천녀

こんにゃく　　にゅうがく　　てんにょ

ひゃ행　ひゃ・ひゅ・ひょ

ひゃ hya	ひゃ				
ひゅ hyu	ひゅ				
ひょ hyo	ひょ				

ひゃくえん 백엔
ひゃくえん

ひゅうひゅう 횡횡
ひゅうひゅう

ひょうざん 빙산
ひょうざん

 みゃ・みゅ・みょ　　　　　　　　　요음

みゃ
mya

みゅ
myu

みょ
myo

さんみゃく 산맥　　みゅ　　みょうじ 성씨

さんみゃく　　みゅ　　みょうじ

りゃ행 　りゃ・りゅ・りょ

| りゃ rya |
| りゅ ryu |
| りょ ryo |

こうりゃく 공략

こうりゃく

りゅうがく 유학

りゅうがく

りょうしん 부모

りょうしん

ぎゃ행 ぎゃ・ぎゅ・ぎょ

요음

| ぎゃ gya | ぎゃ | | | | |

| ぎゅ gyu | ぎゅ | | | | |

| ぎょ gyo | ぎょ | | | | |

ぎゃくてん 역전

ぎゅうにく 쇠고기

そつぎょう 졸업

ぎゃくてん

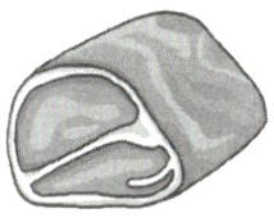

ぎゅうにく

そつぎょう

じゃ행 じゃ・じゅ・じょ

| じゃ ja | じゃ | | | | |

| じゅ ju | じゅ | | | | |

| じょ jo | じょ | | | | |

じゃがいも 감자 — じゃがいも

じゅうしょ 주소 — じゅうしょ

ゆうじょう 우정 — ゆうじょう

びゃ행 びゃ・びゅ・びょ 요음

びゃ bya	びゃ				
びゅ byu	びゅ				
びょ byo	びょ				

さんびゃく 300
さんびゃく

びゅうびゅう 횡횡
びゅうびゅう

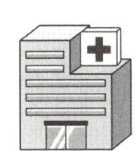
びょういん 병원
びょういん

ぴゃ행 ぴゃ・ぴゅ・ぴょ 요음

| ぴゃ pya |
| ぴゅ pyu |
| ぴょ pyo |

はっぴゃく 800

ぴゅうぴゅう 횡횡

はっぴょう 발표

っ

촉음

ざっし 잡지

ざっし

はっぱ 잎

はっぱ

ねっこ 뿌리

ねっこ

がっこう 학교

がっこう

けっこん 결혼

けっこん

연습문제 요음~촉음

1. 순서에 맞게 빈칸을 채우세요.

   ① きゃ － ☐ － きょ   ② ☐ － しゅ － しょ

   ③ ちゃ － ちゅ － ☐   ④ にゃ － にゅ － ☐

   ⑤ ☐ － ひゅ － ひょ   ⑥ みゃ － ☐ － みょ

   ⑦ ☐ － りゅ － りょ   ⑧ ぎゃ － ぎゅ － ☐

   ⑨ じゃ － ☐ － じょ   ⑩ ☐ － びゅ － びょ

   ⑪ ぴゃ － ぴゅ － ☐

2. 다음 그림을 보고 단어를 완성하세요.

   ① 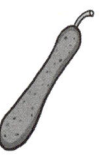 ☐ うり

   ②  こん ☐ く

   ③  ☐ しん

   ④  ☐ うにく

   ⑤  ☐ う ☐

   ⑥  け ☐ こん

3. 맞는 것끼리 연결하세요.

じゃがいも　びょういん　ちゃわん　ざっし　しょくじ

4. 알맞은 것을 고르세요.

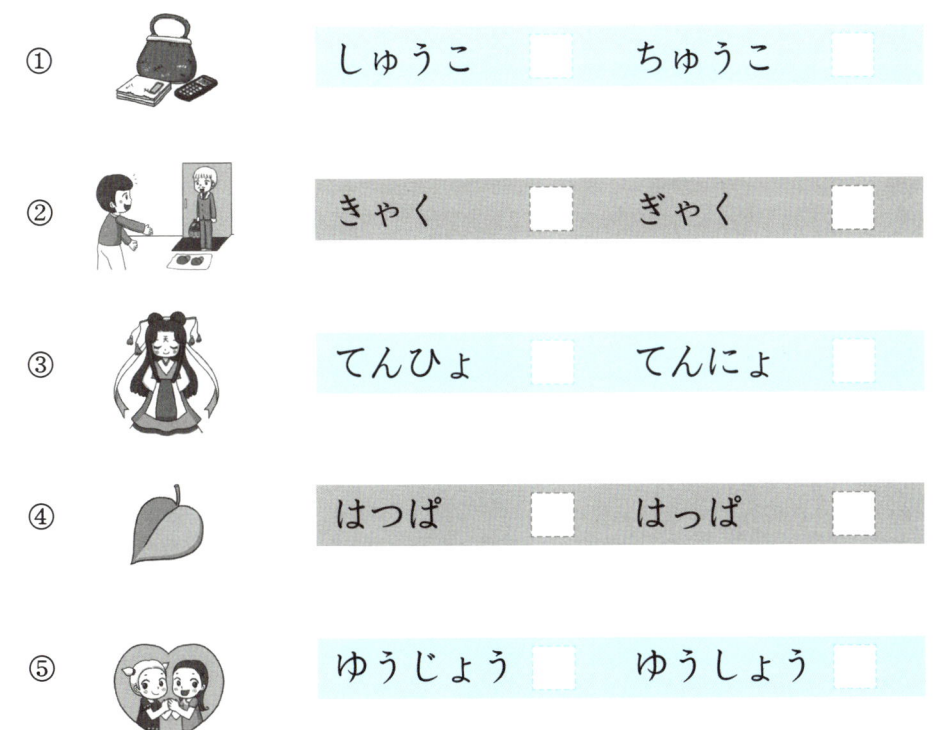

① しゅうこ　　ちゅうこ

② きゃく　　ぎゃく

③ てんひょ　　てんにょ

④ はつぱ　　はっぱ

⑤ ゆうじょう　　ゆうしょう

ひらがな 종합문제

1. 다음 힌트를 보고 칸을 채우세요.

① ⓐ ~을 읽는다.
　ⓑ 사랑하는 사람과 하는 거예요.

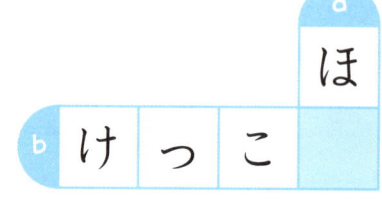

② ⓐ 우리가 살고 있는 곳
　ⓑ 이걸로 글자를 써요.
　ⓒ 밤이 되면 하늘에 나타나는 것.

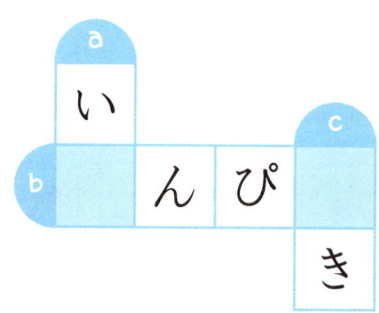

③ ⓐ 쿨쿨~
　ⓑ 외국어를 공부 할 때는 아주 중요하죠.
　　영어로 grammar
　ⓒ 입학 반댓말
　ⓓ ~과 땅

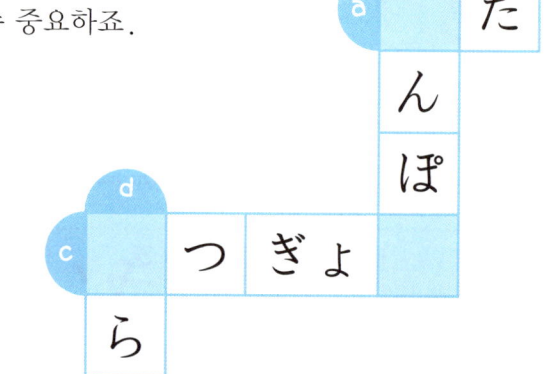

2. 다음 단어에서 틀린 부분을 찾아 알맞게 고치세요.

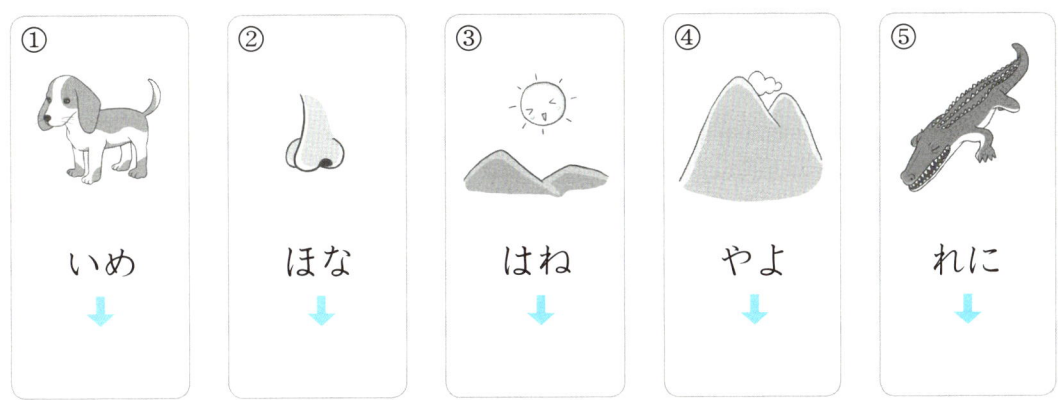

3. 어떤 글자가 나올까요? 빈 칸에 들어갈 글자를 쓰세요.

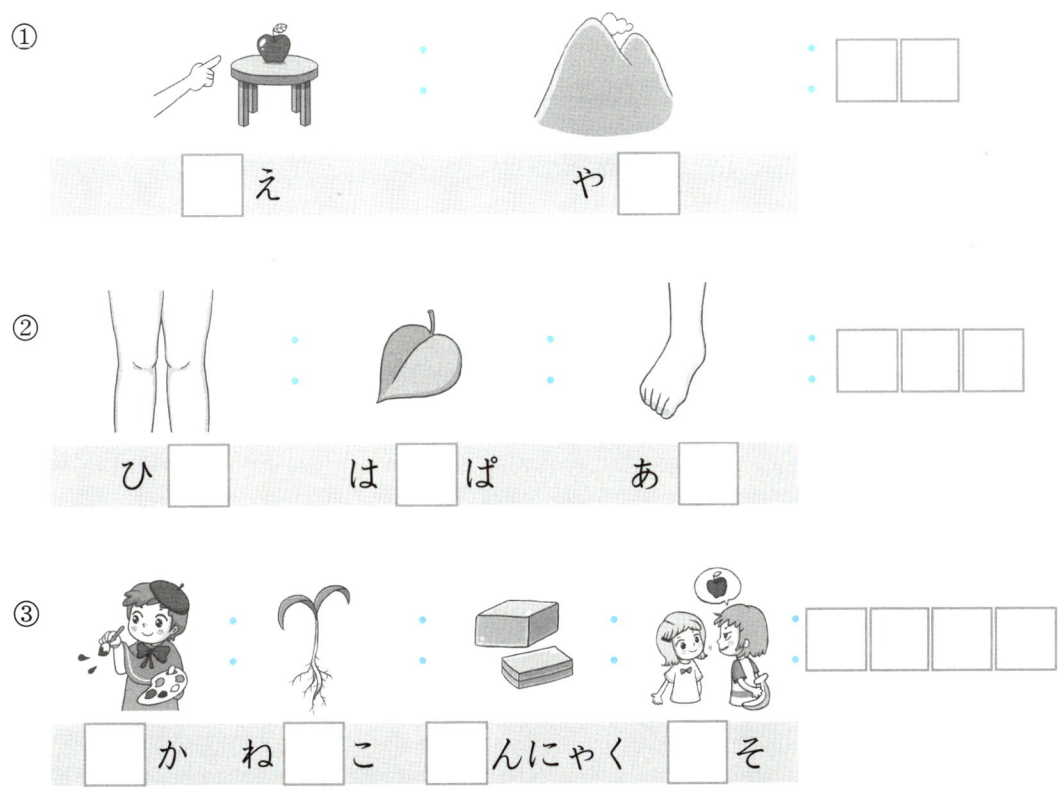

4. 다음 그림에 빈 칸을 채우세요.

5. 다음 설명을 보고 맞는 단어를 체크 하세요.

① 주황색 과일이에요.

    a. なし   ( )
    b. かき   ( )

② 냄새를 맡는 곳은?

    a. はな   ( )
    b. みみ   ( )

③ 기념으로 찍어요! 찰칵!

    a. しゃしん ( )
    b. しょくじ ( )

④ 아플 때 가는 곳은?

    a. がっこう ( )
    b. びょういん ( )

⑤ 이제 중학교를 ~하고, 고등학교로 올라가요~

    a. にゅうがく ( )
    b. そつぎょう ( )

⑥ 제일 큰 동물이에요.

    a. あり   ( )
    b. ぞう   ( )

⑤ 누가 더 잘 그릴까요?

    a. え   ( )
    b. いろ   ( )

⑥ 녹색 야채예요.

    a. ごま   ( )
    b. きゅうり ( )

カタカナ

- 청음 62
- 탁음 86
- 반탁음 94
- 요음 98
- 촉음 109

50음도

ア a	イ i	ウ u	エ e	オ o
カ ka	キ ki	ク ku	ケ ke	コ ko
サ sa	シ shi	ス su	セ se	ソ so
タ ta	チ chi	ツ tsu	テ te	ト to
ナ na	ニ ni	ヌ nu	ネ ne	ノ no
ハ ha	ヒ hi	フ fu	ヘ he	ホ ho
マ ma	ミ mi	ム mu	メ me	モ mo
ヤ ya		ユ yu		ヨ yo
ラ ra	リ ri	ル ru	レ re	ロ ro
ワ wa				ヲ o
ン n				

ア행 ア・イ・ウ・エ・オ

ア a	⇀	ア						

イ i	ノ	イ						

ウ u	╵	⸝	ウ					

エ e	ー	T	エ					

オ o	ー	十	オ					

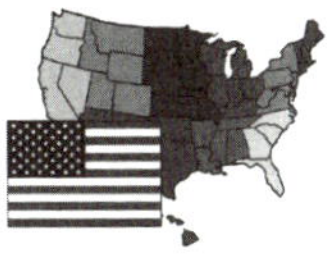

ア	メ	リ	カ

アメリカ 미국

イ	ラ	ス	ト

イラスト 일러스트

ウ	イ	ル	ス

ウイルス 바이러스

エ	プ	ロ	ン

エプロン 앞치마

オ	レ	ン	ジ

オレンジ 오렌지

カ행 　カ・キ・ク・ケ・コ

カ ka
フ　カ

キ ki
一　二　キ

ク ku
丿　ク

ケ ke
丿　ト　ケ

コ ko
フ　コ

청음

| カード カド |
| キムチ 김치 |
| クイズ 퀴즈 |
| ケーキ 케익 |
| コーラ 콜라 |

サ행 サ・シ・ス・セ・ソ

| サ sa |
| シ shi |
| ス su |
| セ se |
| ソ so |

タ행 　タ・チ・ツ・テ・ト

タ ta	ノ	ク	タ			

チ chi	ノ	ニ	チ			

ツ tsu	ヽ	ヾ	ツ			

テ te	一	ニ	テ			

ト to	丨	ト				

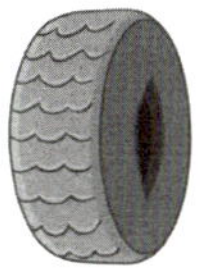

タイヤ 타이어	タ	イ	ヤ						
チーズ 치즈	チ	ー	ズ						
ダーツ 다트	ダ	ー	ツ						
テレビ 텔레비전	テ	レ	ビ						
トマト 토마토	ト	マ	ト						

ナ행 　ナ・ニ・ヌ・ネ・ノ

ナ na

ニ ni

ヌ nu

ネ ne

ノ no

청음

연습문제 ア행~ナ행

1. 순서에 맞게 써 놓으세요.

① ア ー イ ー ウ ー エ ー ☐
② ☐ ー キ ー ク ー ケ ー コ
③ サ ー ☐ ー ス ー セ ー ソ
④ タ ー チ ー ツ ー ☐ ー ト
⑤ ナ ー ニ ー ☐ ー ネ ー ノ

2. 맞는 것끼리 연결하세요.

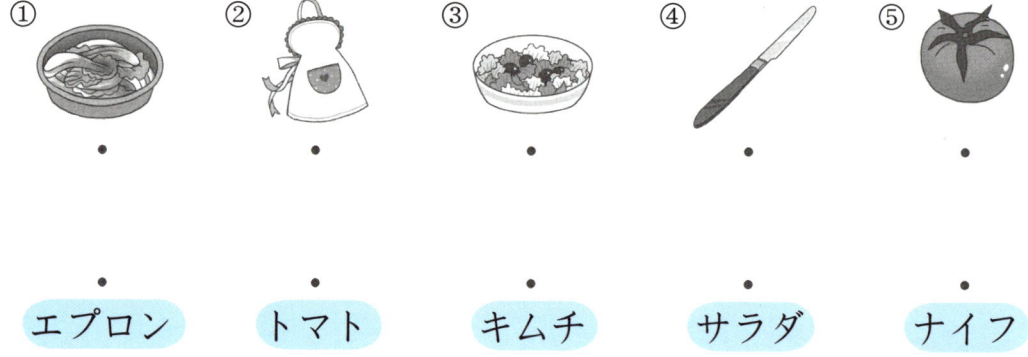

エプロン   トマト   キムチ   サラダ   ナイフ

3. 다음 틀린 부분을 알맞게 고치세요.

① おレンジ ↓
② ケーき ↓
③ そーダ ↓
④ ちーズ ↓
⑤ のート ↓

4. 다음 그림을 보고 맞는 것에 체크하세요.

①  ⓐ テニス ☐
　　　　　　　 ⓑ チニス ☐

②  ⓐ テスノ ☐
　　　　　　　 ⓑ テスト ☐

③ ⓐ スレビ ☐
　　　　　　　 ⓑ テレビ ☐

④ ⓐ アメリカ ☐
　　　　　　　 ⓑ オメリカ ☐

⑤ ⓐ コーラ ☐
　　　　　　　 ⓑ クーラ ☐

5. 다음 단어에 공통으로 들어가는 글자를 쓰세요.

① 、 ⋯▶ ☐ラスト、ク☐ズ

② 、 ⋯▶ テス☐、☐マ☐

③ 、 ⋯▶ ☐ード、☐ヌー

④ 、 ⋯▶ キム☐、☐ーズ

⑤ 、 ⋯▶ ☐ニス、☐レビ

ハ행 ハ・ヒ・フ・ヘ・ホ

ハ	ノ	ハ						

ha

ヒ	ー	ヒ						

hi

フ	フ							

fu

ヘ	ヘ							

he

ホ	一	十	オ	ホ				

ho

マ행 マ・ミ・ム・メ・モ

マ ma

ミ mi

ム mu

メ me

モ mo

청음

ヤ행 ヤ・ユ・ヨ

ヤ ya

ユ yu

ヨ yo

 틀리기쉬운글자

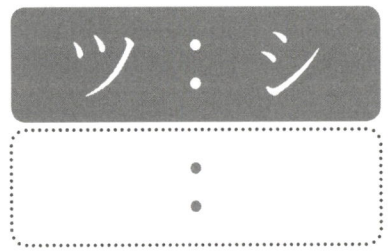

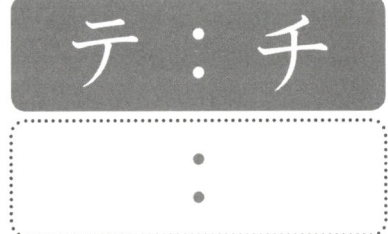

'tsu'는 옆으로 'ツ', 'shi'는 밑으로 'シ'써야 합니다.

'te'는 옆으로 'テ', 'chi'는 위에서 밑으로 'チ' 긋습니다.

청음

ヤクルト 야쿠르트

| ヤ | ク | ル | ト | | | | |

ユニセフ 유니세프

| ユ | ニ | セ | フ | | | | |

ヨット 요트

| ヨ | ッ | ト | | | | | |

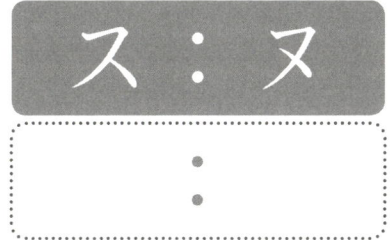

'su'의 마지막 획이 'ヌ'처럼 삐져나오지 않게 주의해야 합니다.

카타카나 'モ'는 각을 살려서, 히라가나 'も'는 동글동글 귀엽게 표기합니다.

ラ행 ラ・リ・ル・レ・ロ

ラ	ra
リ	ri
ル	ru
レ	re
ロ	ro

청음

ライオン 사자

リボン 리본

ルビー 루비

トイレ 화장실

ロシア 러시아

ワヲン　ワ・ヲ・ン

ワ wa	⟶ワ						

ヲ o	⟶ヲ						

ン n	ﾞン						

 틀리기쉬운글자

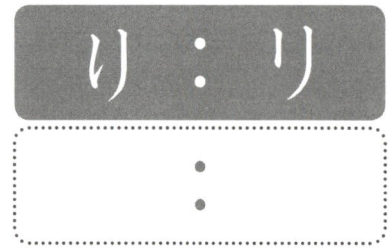

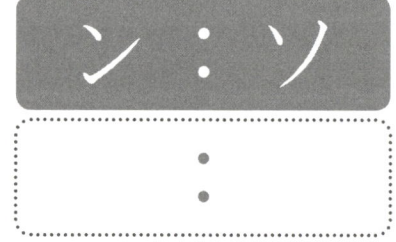

히라가나 'ri'와 카타카나 'ri'는 비슷하기 때문에 주의를 기울여야 합니다. 히라가나 'り'는 끝을 올렸고, 카타카나 'リ'는 끝을 올리지 않습니다.

'n'은 'ノ' 밑에서 위로 획을 긋고, 'so'는 'ノ' 위에서 밑으로 획을 긋습니다.

청음

| ワイン 와인 | ワ | イ | ン | | | | | |

| ヲ | ヲ | | | | | | | |

| テント 텐트 | テ | ン | ト | | | | | |

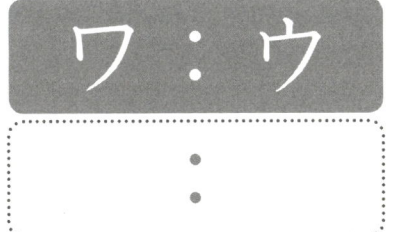

'wa'와 'u'는 비슷하지만 'u'가 한 획이 더 많습니다. 'ワ .ウ'처럼'쓰지 않도록 합니다.

'fu'와 'o'도 혼동하지 않도록 주의해야 합니다.

83

연습문제 ハ행～ワ행

1. 순서에 맞게 써 놓으세요.

① ハ ー ヒ ー フ ー ヘ ー ☐
② マ ー ミ ー ☐ ー メ ー モ
③ ☐ ー ー ー ユ ー ー ー ヨ
④ ラ ー リ ー ☐ ー レ ー ロ
⑤ ワ ー ー ー ヲ ー ー ー ☐

2. 맞는 것끼리 연결하세요.

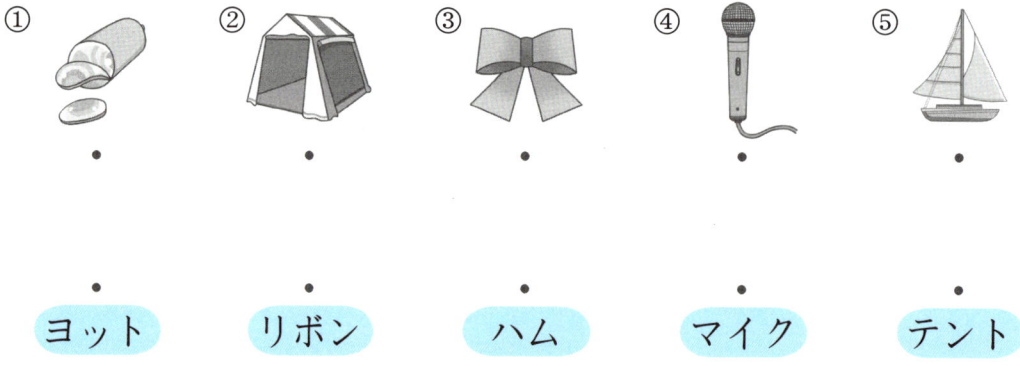

3. 다음 틀린 부분을 알맞게 고치세요.

① ミるク ↓
② ふルーツ ↓
③ やクルト ↓
④ トイれ ↓
⑤ ろシア ↓

4. 다음 그림을 보고 맞는 것에 체크하세요.

①  ⓐ ワイン ☐　ⓑ ヲイン ☐

②  ⓐ フルーツ ☐　ⓑ ウルーツ ☐

③ ⓐ テント ☐　ⓑ テソト ☐

④  ⓐ アイク ☐　ⓑ マイク ☐

⑤  ⓐ ルビー ☐　ⓑ リビー ☐

5. 다음 단어에 공통으로 들어가는 글자를 쓰세요.

① 、 ⋯▶ ヒー☐、☐ビー

② 、 ⋯▶ メ☐ン、☐シア

③ 、 ⋯▶ ワイ☐、リボ☐

④ 、 ⋯▶ ☐ルーツ、ユニセ☐

⑤ 、 ⋯▶ ☐イム、☐イオン

ガ행 ガ・ギ・グ・ゲ・ゴ

| ガ ga | フ | カ | ガ | ガ | | | | |

| ギ gi | 一 | ニ | キ | ギ | ギ | | | |

| グ gu | ノ | ク | グ | グ | | | | |

| ゲ ge | ノ | ケ | ケ | ゲ | ゲ | | | |

| ゴ go | フ | コ | ゴ | ゴ | | | | |

탁음

ヨガ 요가

ギター 기타

グラフ 그래프

ゲーム 게임

ゴリラ 고릴라

ザ행　ザ・ジ・ズ・ゼ・ゾ

| ザ za | 一 | 十 | サ | ザ | ザ | | |

| ジ ji | ` | `` | シ | ジ | ジ | | |

| ズ zu | フ | ス | ズ | ズ | | | |

| ゼ ze | 一 | セ | ゼ | ゼ | | | |

| ゾ zo | ` | ソ | ゾ | ゾ | | | |

ダ행　ダ・ヂ・ジ・デ・ド

ダ da ： ノ　ク　タ　ダ　ダ

ヂ ji ： ノ　ニ　チ　チ　ヂ

ヅ zu ： ヽ　ヾ　ツ　ヅ　ヅ

デ de ： ー　ニ　テ　デ　デ

ド do ： 丨　ト　ド　ド

탁음

バ행 バ・ビ・ブ・ベ・ボ

バ ba
| ノ | ハ | バ | バ | | | | |

ビ bi
| ー | ヒ | ビ | ビ | | | | |

ブ bu
| フ | ブ | ブ | | | | | |

ベ be
| ヘ | ベ | ベ | | | | | |

ボ bo
| ー | ナ | オ | ホ | ボ | ボ | | |

탁음

パ行 パ・ピ・プ・ペ・ポ

パ (pa)
ノ	ハ	パ					

ピ (pi)
一	ヒ	ピ					

プ (pu)
フ	プ						

ペ (pe)
ヘ	ペ						

ポ (po)
一	ナ	オ	ホ	ポ			

 반탁음

パ	ン	ダ					

パンダ 판다

ピ	ア	ノ					

ピアノ 피아노

プ	ー	ル					

プール 수영장

ペ	ン						

ペン 펜

ポ	ス	ト					

ポスト 우편함

연습문제 탁음 ~ 반탁음

1. 순서에 맞게 써 놓으세요.

   ① ☐ - ギ - グ - ゲ - ゴ
   ② ザ - ジ - ☐ - ゼ - ゾ
   ③ ダ - ☐ - ヅ - デ - ド
   ④ バ - ビ - ブ - ☐ - ボ
   ⑤ パ - ピ - プ - ペ - ☐

2. 다음 그림을 보고 단어를 완성하세요.

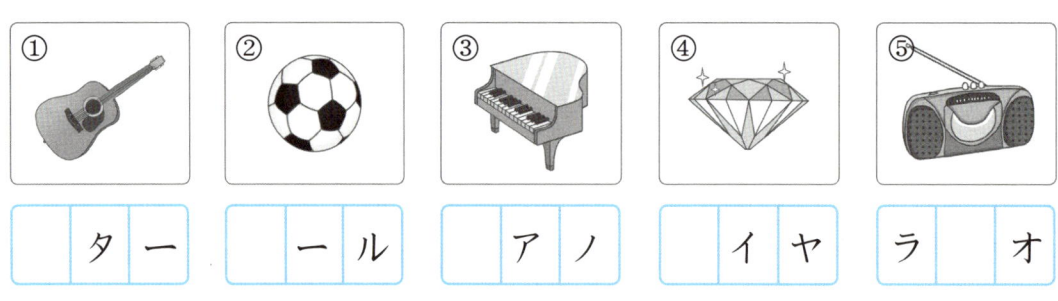

   ① ☐ タ ー ☐　② ☐ ー ル　③ ☐ ア ノ　④ ☐ イ ヤ　⑤ ラ ☐ オ

3. 맞는 것끼리 연결하세요.

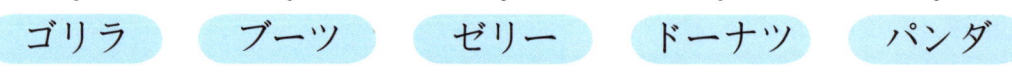

ゴリラ　ブーツ　ゼリー　ドーナツ　パンダ

4. 틀린 부분을 알맞게 고치세요.

① ボス …▶ ☐ ② ヂート …▶ ☐

③ バルト …▶ ☐ ④ ポール …▶ ☐

⑤ ヅンビ …▶ ☐

5. 다음 알맞은 것을 고르세요.

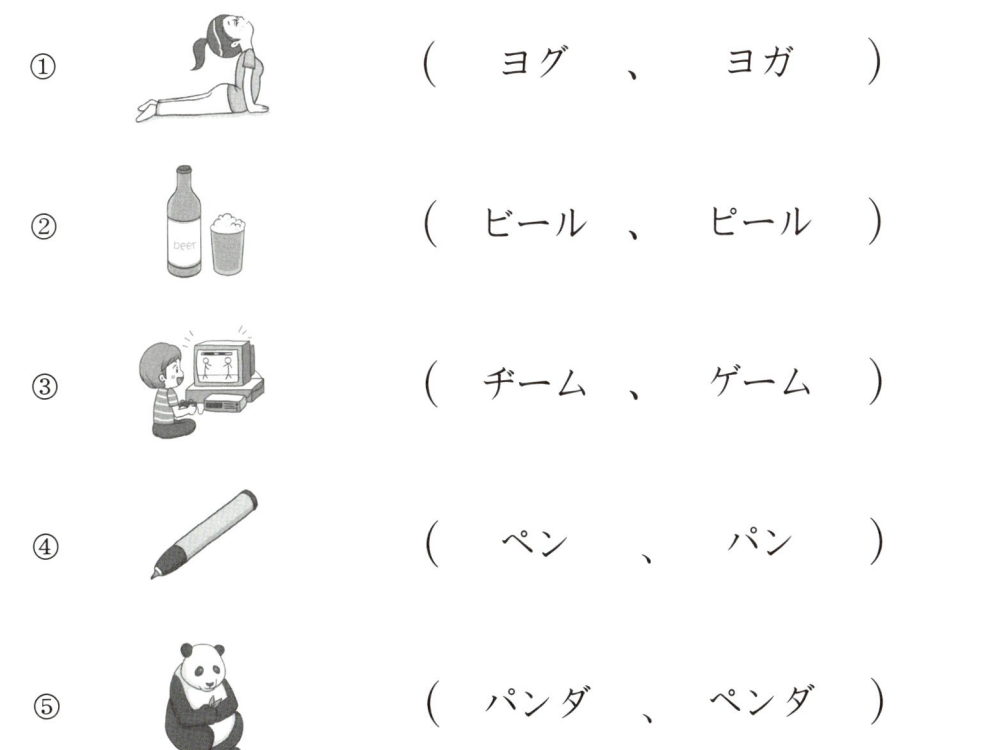

① (ヨグ 、 ヨガ)

② (ビール 、 ピール)

③ (ヂーム 、 ゲーム)

④ (ペン 、 パン)

⑤ (パンダ 、 ペンダ)

キャ행 キャ・キュ・キョ

| キャ kya |
| キュ kyu |
| キョ kyo |

キャベツ 양배추
キャベツ

キューバ 쿠바
キューバ

キョ
キョ

シャ행 シャ・シュ・ショ 요음

| シャ sha |
| シュ shu |
| ショ sho |

シャンプー 샴푸

シューズ 신발

ショー 쇼

シャンプー

シューズ

ショー

チャ행 チャ・チュ・チョ

チャ cha

チュ chu

チョ cho

チャイム 벨

チューブ 튜브

チョコレート 초콜릿

チャイム

チューブ

チョコレート

ニャ행   ニャ・ニュ・ニョ   요음

ニャ nya	ニャ				

ニュ nyu	ニュ				

ニョ nyo	ニョ				

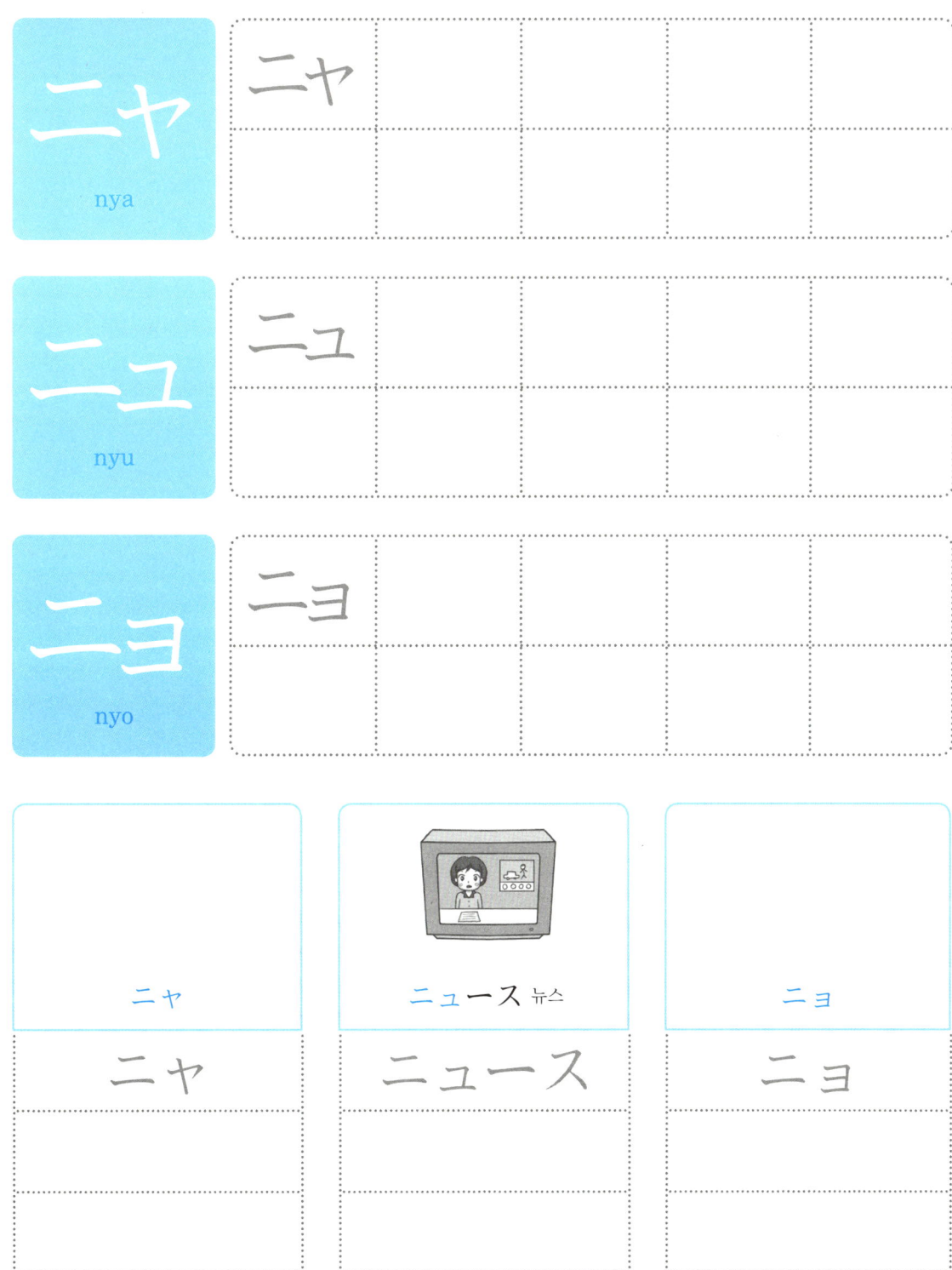

ニャ	ニュース 뉴스	ニョ
ニャ	ニュース	ニョ

ヒャ행 ヒャ・ヒュ・ヒョ

ヒャ hya	ヒャ
ヒュ hyu	ヒュ
ヒョ hyo	ヒョ

ヒャ	ヒューズ 퓨즈	ヒョ
ヒャ	ヒューズ	ヒョ

ミャ행 ミャ・ミュ・ミョ   요음

ミャ mya	ミャ				

ミュ myu	ミュ				

ミョ myo	ミョ				

ミャンマー 미얀마 — ミャンマー

ミュージカル 뮤지컬 — ミュージカル

ミョ — ミョ

リャ행 リャ・リュ・リョ

| リャ rya | リャ | | | | |

| リュ ryu | リュ | | | | |

| リョ ryo | リョ | | | | |

リャ
リャ

リュックサック 배낭
リュックサック

リョ
リョ

ギャ행 ギャ・ギュ・ギョ　　요음

ギャ gya	ギャ				

ギュ gyu	ギュ				

ギョ gyo	ギョ				

ギャンブル 도박　　ギュ　　ギョーザ 만두

ギャンブル　　ギュ　　ギョーザ

ジャ 행　ジャ・ジュ・ジョ

| ジャ ja | ジャ | | | | |

| ジュ ju | ジュ | | | | |

| ジョ jo | ジョ | | | | |

ジャズ 재즈　　ジュース 주스　　ジョギング 조깅

ジャズ　　ジュース　　ジョギング

ビャ행 ビャ・ビュ・ビョ

요음

ビャ bya	ビャ				
ビュ byu	ビュ				
ビョ byo	ビョ				

ビャ	ビューティ 뷰티	ビョ
ビャ	ビューティ	ビョ

107

ピャ행 ピャ・ピュ・ピョ 요음

ピャ (pya)	ピャ
ピュ (pyu)	ピュ
ピョ (pyo)	ピョ

ピャ	ピュ	ピョ
ピャ	ピュ	ピョ

ッ

ッ   촉음

| ラッパ 나팔 | ラ | ッ | パ | | | | | | |

| コップ 컵 | コ | ッ | プ | | | | | | |

| ロケット 로켓 | ロ | ケ | ッ | ト | | | | | |

| チケット 티켓 | チ | ケ | ッ | ト | | | | | |

| クッキー 쿠키 | ク | ッ | キ | ー | | | | | |

연습문제 요음 ~ 촉음

1. 순서에 맞게 빈칸을 채우세요.

    ① キャ — ☐ — キョ   ② ☐ — シュ — ショ

    ③ チャ — チュ — ☐   ④ ニャ — ニュ — ☐

    ⑤ ヒャ — ☐ — ヒョ   ⑥ ☐ — ミュ — ミョ

    ⑦ リャ — リュ — ☐   ⑧ ギャ — ☐ — ギョ

    ⑨ ☐ — ジュ — ジョ   ⑩ ビャ — ☐ — ビョ

    ⑪ ピャ — ピュ — ☐

2. 다음 그림을 보고 단어를 완성하세요.

    ①
    ☐ ベ ツ

    ②
    ☐ ー ザ

    ③
    ☐ ン プ ー

    ④
    ☐ ー ス

    ⑤
    ☐ ー ス

3. 맞는 것끼리 연결하세요.

4. 틀린 부분을 알맞게 고치세요.

5. 알맞은 것을 고르세요.

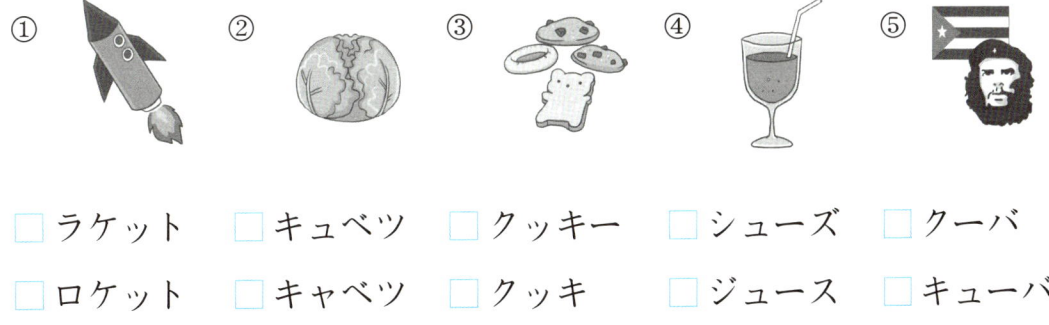

カタカナ 종합문제

1. 다음 힌트를 보고 칸을 채우세요.

① ⓐ 악기예요.
  ⓑ 여기에 쓰세요.
  ⓒ 빨간 야채.

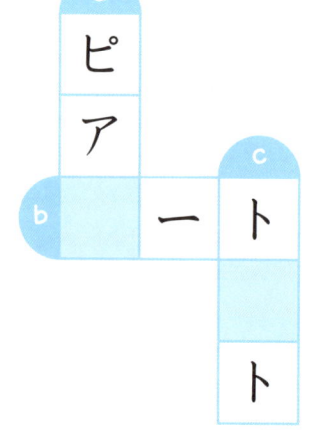

② ⓐ 영화를 볼 때는 필요하죠!
  ⓑ 쥐가 좋아하는 것은?
  ⓒ 스포츠. 영어로는 tennis.
  ⓓ 야영을 할 때 천으로 치는 것.

③ ⓐ 요리를 할 때 앞에 걸치는 것.
  ⓑ 수영하는 곳.
  ⓒ 주황색 과일.
  ⓓ 동물의 제왕.

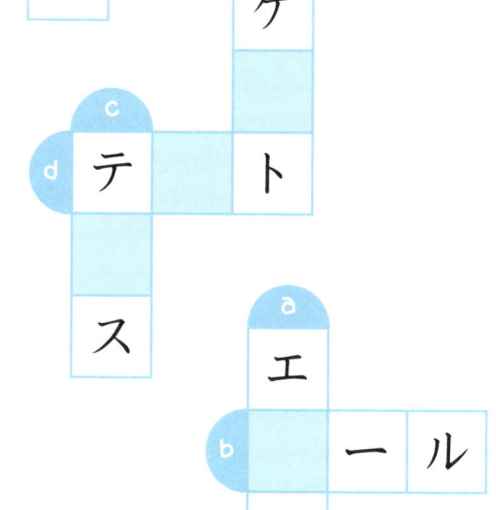

2. 다음 단어에서 틀린 부분을 찾아 알맞게 고치세요.

3. 어떤 글자가 나올까요? 빈 칸에 들어갈 글자를 쓰세요.

4. 다음 그림을 보고 단어를 쓰세요.

5. 다음 설명을 보고 맞는 단어를 체크 하세요.

① 녹색 과일이에요.
- a. オレンジ ( )
- b. メロン ( )

② 술이에요.
- a. コーラ ( )
- b. ワイン ( )

③ 흰색과 까만색 동물이에요.
- a. パンダ ( )
- b. ゴリラ ( )

④ 동그란 구멍이 뚫린 빵이에요.
- a. ドーナツ ( )
- b. ケーキ ( )

⑤ 캠핑할 때 여기서 자요!
- a. トイレ ( )
- b. テント ( )

⑥ 우리나라를 대표하는 음식이에요.
- a. キムチ ( )
- b. チーズ ( )

⑦ 물건을 싸게 팔아요.
- a. クイズ ( )
- b. セール ( )

⑧ 머리를 감을 때 쓰는 것.
- a. プール ( )
- b. シャンプー ( )

⑨ 이것을 타고 우주로!
- a. ロケット ( )
- b. バス ( )

⑩ 사랑하는 사람과 놀러가요.
- a. デート ( )
- b. ボーズ ( )

연습문제 해답

...

P.16~17 연습문제

1. ①あ ②き ③そ ④つ ⑤ね
2. ①い ②き ③す ④くち ⑤いぬ
3. ① ② ③ ④ ⑤
   ねこ　え　きく　つき　たい
4. ①あお ②なし ③いか ④いぬ ⑤あし
5. ①い ②こ ③く ④え ⑤き

P.28~29 연습문제

1. ①ひ ②も ③ゆ ④れ ⑤ん
2. ①ほ ②め ③ゆ ④ろ ⑤わに
3. ① ② ③ ④ ⑤
   ふね　あり　ほし　やま　くも
4. ①むし ②あり ③さる ④そら ⑤はな ⑥へい ⑦うま ⑧ひと
5. ①ま ②ほ ③は

P.40~41 연습문제

1. ①が ②ぜ ③ど ④ぶ ⑤ぴ
2. ①ど ②ば ③ご ④ぞう ⑤ぴ
3. ① ② ③ ④ ⑤
   ひげ　ひざ　うで　ぶた　てんぷら

4. ①いば ②みぎ ③かぐ ④はなぢ ⑤えんぴつ
5. ①きず ②がか ③はだ ④ゆび ⑤ぶんぽう

P.54~55 연습문제

1. ①きゅ ②しゃ ③ちょ ④にょ ⑤ひゃ ⑥みゅ ⑦りゃ ⑧ぎょ ⑨じゅ ⑩びゃ ⑪ぴょ
2. ①きゅ ②にゃ ③しゃ ④ぎゅ ⑤じゅ、しょ ⑥っ
3. ① ② ③ ④ ⑤
   じゃがいも　びょういん　ちゃわん　ざっし　しょくじ
4. ①ちゅうこ ②きゃく ③てんにょ ④はっぱ ⑤ゆうじょう

P.56~59 히라가나 종합문제

1. ①

②
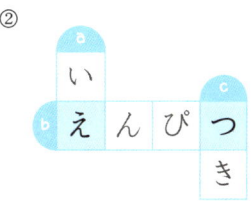

③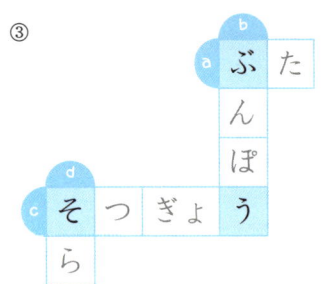

2. ①いぬ ②はな ③はれ ④やま ⑤わに
3. ①う、ま、うま
   ②ざ、っ、し、ざっし
   ③が、っ、こ、う、がっこう
4. ①いえ ②ふね ③そら ④くも ⑤かば
   ⑥わに ⑦いか ⑧かに ⑨ぞう ⑩うま
   ⑪ぶた ⑫ねこ ⑬いす ⑭さる ⑮ほん
   ⑯いぬ ⑰いろ ⑱がか
5. ①b.かき ②a.はな ③a.しゃしん
   ④b.びょういん ⑤b.そつぎょう
   ⑥b.ぞう ⑦a.え ⑧b.きょうり

P.72~73 연습문제

1. ①オ ②カ ③シ ④テ ⑤ヌ
2.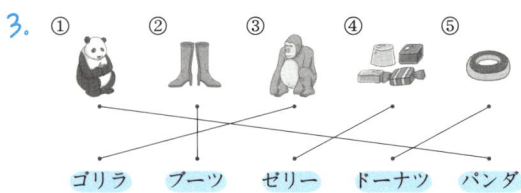
3. ①オレンジ ②ケーキ ③ソーダ
   ④チーズ ⑤ノート
4. ①a.テニス ②b.テスト ③b.テレビ
   ④a.アメリカ ⑤a.コーラ
5. ①イ ②ト ③カ ④チ ⑤テ

P.84~85 연습문제

1. ①ホ ②ム ③ヤ ④ル ⑤ン
2.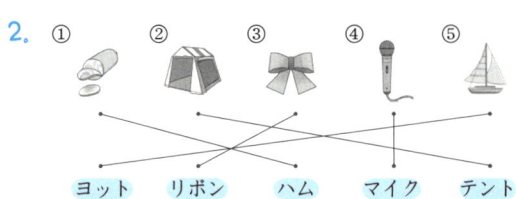
3. ①ミルク ②フルーツ ③ヤクルト
   ④トイレ ⑤ロシア
4. ①a.ワイン ②a.フルーツ ③a.テント
   ④b.マイク ⑤a.ルビー
5. ①ル ②ロ ③ン ④フ ⑤ラ

P.96~97 연습문제

1. ①ガ ②ズ ③ヂ ④ベ ⑤ポ
2. ①ギ ②ボ ③ピ ④ダ ⑤ジ
3. (연결: ゴリラ / ブーツ / ゼリー / ドーナツ / パンダ)
4. ①バス ②デート ③ベルト
   ④プール ⑤ゾンビ
5. ①ヨガ ②ビール ③ゲーム
   ④ペン ⑤パンダ

P.110~111 연습문제

1. ①キュ ②シャ ③チョ ④ニョ
   ⑤ヒュ ⑥ミャ ⑦リョ ⑧ギュ
   ⑨ジャ ⑩ビュ ⑪ピョ

2. ① キャ　　② ギョ　　③ シャ
　　④ ニュ　　⑤ ジュ

3. ① ② ③ ④ ⑤
　　ヒューズ　キューバ　ギャンブル　チョコレート　ミャンマー

4. ① ジャズ　　② コップ　　③ チャイム
　　④ シャンプー　⑤ ニュース

5. ① ロケット　② キャベツ　③ クッキー
　　④ ジュース　⑤ キューバ

2. ① ナイフ　　② テスト　　③ ダーツ
　　④ メロン　　⑤ バス

3. ① キ、ム、チ、キムチ
　　② テ、レ、ビ、テレビ
　　③ ロ、ケ、ッ、ト、ロケット

4. ① テレビ　　② ヨット　　③ ダーツ
　　④ トイレ　　⑤ エプロン　⑥ クッキー
　　⑦ ジュース　⑧ マイク　　⑨ サラダ
　　⑩ ギター　　⑪ ピザ　　　⑫ ケーキ
　　⑬ ドーナツ　⑭ コーラ　　⑮ ワイン
　　⑯ メロン　　⑰ オレンジ　⑱ ピアノ

5. ① b. メロン　② b. ワイン　③ a. パンダ
　　④ a. ドーナツ　⑤ b. テント　⑥ a. キムチ
　　⑦ b. セール　⑧ b. シャンプー
　　⑨ a. ロケット　⑩ a. デート

P.112~115　카타카나 종합문제

1. ①
　　a ピ
　　　ア
　　b ノ ー c ト
　　　　　　マ
　　　　　　ト

②
　　a チ ー ズ
　　　ケ
　　　ッ
　　c テ d ン ト
　　　ニ
　　　ス

③
　　a エ
　　b プ ー ル
　　　ロ
　　d ラ c イ オ ン
　　　　　レ
　　　　　ン
　　　　　ジ

레전드
일본어 쓰기 | 노트

초판 4쇄 발행   2024년 3월 20일
초판 1쇄 발행   2018년 4월 20일

저자	中村貴代子
표지디자인	IndigoBlue
성우	扶(たすく)

발행인	조경아		
발행처	랭귀지북스		
등록번호	101-90-85278	등록일자	2008년 7월 10일
주소	서울시 마포구 포은로2나길 31 벨라비스타 208호		
전화	02.406.0047	팩스	02.406.0042
이메일	languagebooks@hanmail.net		
MP3 다운로드	blog.naver.com/languagebook		

ISBN	979-11-5635-078-1 (13730)
값	9,000원

ⓒLanguageBooks, 2018

이 책은 저작권법에 따라 보호받는 저작물이므로 무단 전재와 무단 복제를 금지하며,
이 책 내용의 전부 또는 일부를 이용하려면 반드시 저작권자와 **랭귀지북**스의 서면 동의를 받아야 합니다.
잘못된 책은 구입처에서 바꿔 드립니다.